걷는 사람은
　　　　먼 곳이 있는 사람

걷는 사람은
먼 곳이 있는 사람

류정희 시집

전망시인선 009 걷는 사람은 먼 곳이 있는 사람

1판 1쇄 펴낸날 2023년 12월 18일

지은이 류정희
펴낸이 서정원
펴낸곳 도서출판 전망
주소 48931 부산광역시 중구 해관로 55(201호)
전화 051) 466-2006
팩스 051) 441-4445
이메일 w441@chol.com
출판등록 제1992-000005호
ⓒ류정희 KOREA

ISBN 978-89-7973-618-2
값 10,000원

* 저자와의 협의에 의해 인지를 생략합니다.
* 이 책 내용의 전부 또는 일부를 재사용하시려면 저작권자와 도서출판 전망 양측의 동의를 받아야 합니다.

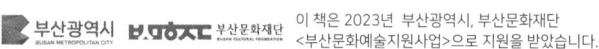

이 책은 2023년 부산광역시, 부산문화재단
<부산문화예술지원사업>으로 지원을 받았습니다.

시인의 말

돌아보면
모두가 없는 것들이다

오늘은 살아 있고
지금은 고요하다

내일은 기록할 수 없네

2023년 류정희

차례

시인의 말　005

제1부

무지개　013
산책 1　014
산책 2　016
산책 3　018
산책 4　020
산책 5　022
산책 6　024
산책 7　026
산책 8　028
배롱나무　030
하늘 지우개　032
폐교　034
탱자나무 책방　036
할미꽃　038

제2부

초생달　041
어머니 1　042
어머니 2　044
어머니 3　046
어머니 4　048
어머니 5　049
어머니 6　051
어머니 7　052
내 병은 오래 되었으나　054
양파 1　056
양파 2　057
밤나무 1　058
밤나무 2　060
상사화 1　062
상사화 2　063

제3부

창가에 앉아	067
폐왕성 1	068
폐왕성 2	070
폐왕성 3	072
폐왕성 4	074
폐왕성 5	076
삼월의 크리스마스	077
청마를 찾아서 1	078
청마를 찾아서 2	080
청마를 찾아서 3	082
청마를 찾아서 4	084
청마를 찾아서 5	085
한하운 시인을 생각하며	086
푸른 집	088

제4부

사월의 눈보라　091

혁명 이후　092

대통령 만델라　094

백두산에 올라 1　096

백두산에 올라 2　097

어니스트 헤밍웨이 생가에서　099

사직동에는 야구공이 자란다 1　100

사직동에는 야구공이 자란다 2　102

사직동에는 야구공이 자란다 3　104

선교사의 말씀 1　106

선교사의 말씀 2　108

아프리카 선교지를 찾아　110

겨자씨　112

해설 산책과 여행, 길 위의 시학 _황선열(문학평론가)　114

＜일러두기＞

* 본문에서 는 '단락 공백 표시'로 한 연이 새로 시작된다는 표시입니다.

제1부

무지개

오랜 눈물 끝에는

마음에도 깊은 골짝 생긴다

사람들은 본 적 없다 하겠지만

나는 그곳에서

하늘과 내통하는 가장 아름다운

길을 보았다

산책 1

한가할 때
산으로 간다

올라가서 나도 산이나 된다

발길 닿는 데까지 가서 먼 곳이나
바라보는 사람이 된다

바위에 기대어 흐르는 구름이나 본다

이제 더 이상 아무 일도 없는 나는
잡풀처럼 누웠다가
초록 수풀에 머리 감는 시늉도 한다

산에서 사람과 마주치면
나 혼자도 너무 많다는 생각 때문에
그냥 지나간다

\>

에둘러 집으로 가는 길

산 짐승들의 놀이터가 된 무덤을 지나
집이 가까워지자

나만 코끝이 탁해지는 것이 아니었다

저무는 마을에 대낮보다 붉어지는
문명이
오늘따라 몹시도 아슥하다

산책 2

마스크로 입을 가리고
만나는 사람을 피하며
간격을 두고 걷는다

왁자지껄 만났다 흩어지는
바람소리 들으며

이 길을 가서는
영 돌아오지 않은
이웃 사람 생각난다

어딘가 깊은 곳을
건너갔다는 것일까
죽음 또한
어느 날 뚝 그쳐 버린
매미 울음 같은 것

>

이파리처럼 가벼워져서

지구의 계단을 내려오며

중얼거린다

생은 짧고 하루는 길다

산책 3

읽던 신문을 덮고
새로운 세상을 생각한다

걷는 사람은 먼 곳이 있는 사람
잃어버린 먼 곳을 찾아간다

너무 많은 표지판을 지나서
다채로운 방향으로 날아가는
새들 바라본다

살점 파는 바람소리
묵언으로 받으며
겨울산이 바람을 뜯어먹는다

줄기차게 걷는 사람은
눈빛 하나로 잘 익은 것들을
제압하는 힘이 있다

\>

내가 당도해야 할 먼 곳은

가도 가도

여기가 그곳이다

나는 가끔씩 흐릿한 눈빛으로

갈아 끼운다

산책 4

뾰족한 주둥이로 바람을 툭툭 치며
꽃 피고 싶은 것이 어디 봄꽃뿐이랴
몽골몽골 얼굴 내미는 저것은 샘물

숨가쁜 허기로 씩씩거리며
나도 꽃 핀다

우쭐우쭐 앞서 피는 진달래
아직 피지 못한 것들은 두근두근

먼 산 넘어가는 구름이 피고
구불텅거리며 산들이 피고

저기 저 줄지어 선 벚나무
차오르는 몸이 무거운지
해질녘 능선 위에 걸터 앉았다

>

오늘 같은 내일은 없는 거라며
피었던 어제가 옛날이라고
나는 나를 읽고 있다

사랑은 흔적도 없고
슬픔은 봄으로 와서 간다

산책 5

가파른 산길
정상을 향하여
비탈에 오른다

정상이 얼마나 먼 곳인지
슬픔도 힘이 된다는 것을
알게 된다
또한 정상을 위하여
슬픔 하나는 남겨 두었다는 것을

물 같은 땀방울 닦으며
보이는 것은 하늘뿐
푸르기만 한데
정상에서 보면 알게 된다

수 만년 허허한 바람뿐
포개져 누워 있는 바위들

쓰러질 듯 서로 껴안고

정상이 오히려 바닥 같다는 생각
멀리 보이는 빼곡한 마을이
정상만 같아

해질녘 아니었다면
그 적막 곁에
누워도 보았을 것이다

산책 6

바람 사이 걸으며
저 어린 잎들이
높은 산을 내려오네

바퀴살을 굴리며
산모퉁이 이어진 길
가슴에 붉은 등불 달고
가벼이 날아가는 새떼처럼

하늘 너르게 앉은 사월 나무들
쿵쿵거리는 물길 같구나
돌 틈 쭈그린 햇살도
푸른 모자를 쓰고 있네

골짜기 돌아오면
연약한 것에 매달려
빗발치는 저 물소리

\>

들어봐라 저것이 좋아

이 생에 뿌리 박아버린

나무들의 몸짓

산책 7

김밥을 꺼내어 먹는다
까치 한 마리 깡총거리며
내 앞으로 다가와 쳐다본다
선심 쓰듯
김밥 하나를 던져 준다
낌새를 알아차린 새 어디론가 훌쩍
사라져 버린다
밥을 다 먹은 나는 물까지 비운 후였다
어디서 왔는지 소문난 잔치집 모여들 듯
낯선 식솔들 한가득 모여 들었다
줄 것이 없는 내가 몹시 당황하자
그들도 민망한지 떠나 버렸다

그들도 아는 것이다
나밖에 모르고 사는
인간의 마을에서 온 나를
알아보고

\>

인기척 없는 산속에서도

혼자가 아니라는 것을

알게 해 주었다

산책 8

황량하던 겨울 숲길 지나갔다

따스한 햇빛 젖꼭지 물고
뾰족뾰족 돋아나는 어린 것들
가던 길 멈추고 눈 맞추며
물어 본다
어디서 왔는가

시린 흙바닥 기어서 왔는가
무거운 바위틈 숨어 지내다가
빗방울처럼 토닥이며 왔는가

나의 질문은 길고 지루해
묻고 또 묻자
어린 것들 웃으며
나에게 되묻는다
>

너는 어디서 왔는가

오늘이 경칩인 줄도 모르고 사는
내가 무안해진다

배롱나무

꽃 진 배롱나무
치마마저 벗었나
짓궂은 생각에
보드라운 맨살
쓸어본다

배롱나무
자지러질 듯
간지럼 탄다

나는 그만 흠칫 놀라
물러서며
생각 하나 떠오른다

살을 범하다
미투에 걸려 넘어진
노시인의 불상사를

떠올리는데

그러나 이곳에는
벗은 몸 아닌 것 없어
속상할 틈 없이
금새 왁자지껄 섞인다

하늘 지우개

눈 내리면
연탄 배달하던 젊은
부부 생각난다

검은 구공탄 가슴에 안고
머리에 쌓인 눈 털어내며
이쯤이야
활짝 웃던 얼굴

그들은 날마다 하루의
지우개를 가지고 산다
연탄가루같은 생 지워가며
날마다 처음처럼 시작한다

삶을 이해하려면
숯불처럼 달아오르는 기쁨과
슬픔도 함께 가야 한다는 것을

>

눈은 내려 그치지 않고

집으로 가는 그들의 발자욱을

나는 본다

웅덩이처럼 파인 고단한 발자욱을

하늘의 지우개가 지우고 있었다

폐교

폐교된 운동장 한바퀴 돈다
길이 되어버린 교실에서
들국화 무리지어 손 흔든다
두 손 들고 벌 서던 녀석들
바람에 닦인 낡은 신발처럼
나란하다

허리 구부린 느티나무 가지에
매달리던 우리들의 이야기
망가진 그물 속 뒤적이다
문득 지워지면
어지러워라 그리움에 취해
어지러워라
생 마감한 까까머리 무덤 찾아
세월에 분칠하고 돌아온다

옛날 아버지보다 늙어버린 녀석들에게

언제 넣어 두었는지 모르는 동전

몇 잎처럼

인생의 시계 들여다보며

기약할 수 없는 우리들의 약속

보이지 않을 때까지 손을 흔든다

탱자나무 책방

우리 동네 좁은 길 모퉁이
책방 하나
탱자나무 한 그루 서 있다
누가 옮겨 심었는지
그는 탱자나무를 사랑하는 사람
봄을 기다리며 사는 사람

가끔씩 그 길을 지나가면
버스길 소란해도
탱자 향기 퍼져 온다

그 안을 들여다보면 날카로운
탱자가시 보이지 않고
너도 나도
인생의 길잡이가 거기 있다고
탱자나무 찾아 드는
참새들처럼 다정해 보인다

＞

산다는 것은 기쁨과 슬픔도
폭설 속에 어깨 맞대며 사는 것

시인이 시를 놓지 못하듯
얼어붙은 호수는
침묵을 놓지 못한다

탱자나무에 열매 하나 맺히는 날
기다려 본다

할미꽃

몸 속 그리움 다 쏟고 나면
옷 바꿔 입어도 향기나지 않는 꽃

보랏빛 우아한 자태 뽐내며
무덤이나 지키던 꽃

요즘에는 공원이나 어느 화려한
정원에 끼어 있어도 허리 펴지
못하는 꽃

하루 내내 심심하여 흐린 눈이나
비비다가
파르르 떨리는 눈썹 밀어 올리다
그만 잠들어 버리는 꽃

제2부

초생달

산을 깎아
길을 낸
고속도로

자식 오는 길

사립문 밖에 서 있는
우리 어머니

어머니 1

서울 규수 섬으로 시집오던 날

배 타고 사흘 길이었는데요

귀 막고 입 다문 시집살이 할 적에

거제도 사투리 연필로 써 가며 익혔다는데요

사투리 책장 넘기며 보아도 알 수 없었다는데요

모진 가난 예단으로 가져온 재봉틀 밤낮 돌렸다는데요

어르신 결혼 기념으로 마당가에 수양버드나무

한 그루 심었다는데요

자라는 자식들 보며 모질게 살았다는데요

눈코 뜰 새 없이 재봉틀 돌리다 문득

멀리 있는 친정 생각에

수양버드나무 가지 흔들며 한참씩 울었다는데요

엄마 세상 뜨자 소문났던 수양버드나무집

시들해지고 한없이 외로워진 수양버드나무

추우나 더우나 가지 늘어뜨리고

고향 찾아 엄마 뵙듯 안아 보면 눈꼽 낀 얼굴로

날 알아보지 못하는데요

설래설래 고개 흔들며

날 알아보지 못하는데요

어머니 2
—오래된 슬픔

어머니는 이십년 째
외할머니 제사를 혼자서 지내신다
아버지가 잠드신 후
할아버지 할머니가 계실 때에도
식구 모두가 잠드신 후 몰래
밥 한 그릇 나물 한 그릇 소복하게 담아 놓고
살았을 때처럼 어서 잡수시라고
더부살이 수저처럼
김이 오르는 밥뚜껑 열어 놓고
아직도 눈치가 보이시는지 외할머니
제사는 빨리 끝나곤 했다
어머니 머리가 동백기름으로 얌전히 누워 있는
아침을 보면 안다
할아버지 아버지 밥상 위에 노오란 생선전이
유난히 큰 토막으로 보이는
어머니 숨겨둔 눈물 몇 점
어머니는 이십년 째

외할머니 제사를 혼자서 지내신다

어머니 3

새벽부터 비 내렸네
마당가 착한 풀들은 비를 맞으며
어머니 신발 끄는 길을 오종종 따라나서네
프라이드에 시동이 걸리고
굳게 닫힌 대문이 철컥하고 열리자
고향은 순식간에 먼 어둠으로 사라지네

달리는 빗속으로
돌아올 집 보이지 않자
어머니 가슴으로 몰려 오는 빗물 소리

푸른 미나리 같이 이마 맞대던
족보 뒤로 하고
떠나본 적 없던 고향집
달리면서 되돌아보면서
어디쯤일까

>

찾아가는 그린요양원

곧 알게 되리라
사막으로 들어가는 강
자신의 존재가 사라져 버린다는 것을

어머니 4

장독 곁에
버려진 듯
쪼그려 앉아

지나가는 햇살에
추운 몸 데우며
간신히 피던
샛노란 들국화

나는 그 꽃잎 따서
차
끓이네

어머니 5
— 손톱깎이

요양원 찾아가
어머니 손톱 깎는다

손톱 깎는 일은 한가로운 날
얼굴 맞대고 사랑하기 좋은 날

할 일 다 놓으신 빈 손
만져 보면
내 안에 고인 눈물도 글썽인다

눈물 자랄 때마다 손톱 깎아
주시던 어머니 손
무릎 위에 올려 놓고

오늘은 사랑하기 좋은 날
내가 그의 미소를 닮고 싶은 날

>

서로가 눈 맞추어 가며

저물어 가는 시간도

아름답다

어머니 6

새벽 첫 차로 부산까지 와도
겨우 조반 시간이다

이 정도의 거리를 두고
찬서리 밟으며
나는 너무 서둘러 왔다

혼자 계시는 어머니
찬밥처럼 남겨 두고
사흘을 못견뎌
오돌오돌 떨며 왔다

해 진 어둑한 하늘
배고픈 개밥바라기 별 하나
그리움 같이 반짝인다
허리 굽은 어머니
달그락 수저 소리 선하다

어머니 7

늦가을 잡초더미에 깔려
잎은 시든지 오래 되었고
줄기는 말라 있었다
뿌리는 보이지 않고
가족도 잃고 갈 곳이 없어진
늙은 호박 하나
사람과 다르지 않았다

집으로 모셔와 나는 사람의 얼굴보다
그의 얼굴을 먼저 씻어 주었다
기운을 차린 듯 그의 얼굴에서
화색이 돌았다
하루가 다르게 황금빛 얼굴이 되어

나는 그의 얼굴을 닦을 때마다
마침내
나였다가

너였다가
너가 되었다가
우리는 누구의 어머니였다가
마주 보며 웃기도 하였다

늙는다는 것은 무엇과
바람보다 빠르게 만났다가
누군가를 수없이 보내는 일이었다

스스로 자기를 버린 것이 오래인 듯
이름마저 잊어버린 그를
눈이 부시게 바라보며
나는 어머니 하고 불러본다

내 병은 오래 되었으나

내 병은 오래 되었으나 언제부터인지는 나도 모른다
헤아려 보면 병 없이 사는 날보다 병 있는 날 많았다
때로는 병이 병을 모르고 사는 날이 많기도 하였다
병 이름도 수 만 가지 한번 왔다 하면 영 떠나지 않는 고질병도 있다
누구나 아픈 데 없는 사람 없겠지만 때로는 괴로움의 진실도 있는 것이다
병이 극심할 때에는 오히려 슬픔이 삶의 위로가 되기도 한다
그러나 병으로 살 때에는 고통이 되지만 병과 함께 살 때에는 그것이 내 인생을 돌봐주기도 한다
나는 나의 병으로 하여 많은 것을 잃기도 하지만 또한 내 인생이 다함없이 풍족하다고 느낄 때에는 병과 함께 있을 때이다
더구나 나를 용서할 수 없는 날에는 병을 끌어안고 나의 무릎 앞에 엎드린다
몸의 중심은 심장이 아니었다

몸이 아플 때 아픈 곳이 중심이 된다

나의 중심을 돌보는 것을 낙으로 삼는 날이 많아진다

양파 1

한 겹으로 풀지 못한
너의 가슴팍에 못 박힌 그리움
두 겹 세 겹으로 파고들 듯
마음의 성벽을 세운다
지나는 중년의 길이만큼
때 묻어 펄럭이며 자라온 부피만큼
저 바다 파도를 일으키고
산자락에 걸터 앉은 구름으로
세상길을 가지만
차마 억겁으로 둘러친 깊숙한 어둠
눈물 되어 쏟을 수밖에

양파 2

그대가 보낸 준 양파 한 자루
그대 눈물도 보내 왔는가
양파를 까니 마른 눈물이
그대에게로 흘러간다
사랑한다는 말은
눈물도 달콤하다는 것을
알게 하지만
두꺼운 껍질 한 겹씩 벗길 때마다
함부로 발설할 수 없는 서러움도
꺼내어 본다
양파를 먹어보지 않고는
젖은 생의 매운 맛도 모르리라
입술에 대면 그대의 기쁨도 눈물냄새
나던 것을
차마 오늘은 그대의 말 못할 눈물도
생각해 보는 것이다

밤나무 1

밤송이 하나가 가지에서 떨어진다
쿵 하는 소리에 깜짝 놀라 고개 드니
그것은 자식 둔 어미 가슴 무너지는
소리로 들린다
떨어져 사는 자식에게서 온 긴급
전화벨 소리 같기도 하다

문득 그 소리 듣고
떨어진 밤송이 손으로 만지며
알토란 같은 자식 하나 떨어버린
밤나무를 보면서

장애아들을 사고로 잃은
민이 엄마를 생각한다

손에 쥔 밤송이 풀 덤불 위에 던지자
밤나무가 이리저리 팔을 뻗어

떨어진 밤송이를 찾고 있었다

날 어두워지는데
내 손을 놓지 않았던
그날의 그치지 않던 울음이
사무치는 것이다

밤나무 2

품 안에 든 자식 떠나고 나면
잎 떨어진 추운 겨울이 온다

수천수만 장의 이파리 몸을 엎었다
뒤집었다 해도 풍성했던 것은
알토란 같은 자식 품었기 때문이다

떠난 자식들 뿔뿔이 시장 바닥으로
혹은 알 수 없는 먼 곳으로
소식 없다 해도

간간이 텔레비전에 아들 녀석 나오던데
이웃이 전해 주면 나는 모른다
고개 젓던 어머니처럼 가서는
그저 몸성히 지내거라
체념할 줄도 안다

>

혹은 성공 실패 무성하여

울상 되어 떨어지는 나뭇잎들

봄 오면 다시 피어

살아 주어 고마웠다 일생 바램은 자식

생각뿐이다

상사화 1

생각이 달라도 사랑이 되는지
사랑하고 말았다
사랑하면 할수록 생각도 깊어졌다
금을 긋고 살아도 피어나는 꽃
가는 길 뻔히 알면서도 길을 놓치는
그 깊은 바다를 어떻게 건너 왔는지
생각이 달라도 어떻게 나를 열고
들어왔는지
먼 길 아니어서 돌아다보면
난데없이 홀로
피었다 가는 당신

상사화 2
―진이의 노래

어매는 애비 없이 날 낳아
꽃이라 불렀다
하지만 내 사랑 한쪽은 눈 멀었다

세상에 없는 것 없지만
버려진 벌거숭이 몸으로
광야를 떠돌았다

죽음보다 더 슬픈 생애
청승 떨다
놓쳐버린 봄날
아
이것은 내 운명
초가을이다

푸른 하늘 아래
살기로 마음 먹으며

세상에서 가장 아름다운
시 한 수 남겼다

끝없는 의혹
꽉 막힌 세상 탓하면
바람이 와서 흔들다 가고

사랑 울리는 가야금 소리에
나는 폭풍 한 잔 마셨다
사랑보다 뜨거운 눈물
꽃으로 핀다

제 3 부

창가에 앉아

찻잔에 가을이 오래 머물다

잎새처럼 붉어지는 시월

마음 안일까 밖일까

다 타고 스러진

하늘의 입술

폐왕성 1

내가 술잔을 입술에 적시자
중세의 울음 쏟아진다

아물지 않은 상처가
내 목덜미를 스친다

할아버지 장례식 날 무덤 자리에서
발견된 고려적 도자기

따르는 잔 속에 고려 28대 의종의
한탄 듣는다

천년 전 보던 햇빛 눈부셨는가
부르르 떨고 있다

집으로 모셔 온 잔 하나
>

소리 쳐도 입을 열지 않는
47세 폐왕의 설운 침묵
정중부를 이길 수 없었다

폐왕성도 지금껏 침묵하고 있다

폐왕성 2

천년은 넘었을 술잔 하나
가만히 올려 바라보기만 한다

잔은 자잘한 빗금들이 서로
내통하듯
폐망한 왕조의 때가 끼어 있다

불가마에서 도공의 손으로
빚어진 술잔

마음에 차지 않으면
버릴 듯하지만
이 술잔만은 간직하였으리라

금이 간 자리 어루만져 보면
온몸에 잔금이 간 나라와 닮았다는
생각이 잔 속에 머물러 있다

\>

나는 도공의 얼굴 떠올려 본다

버릴 수 없는 자국들이
내 안에도 수없는 허물로
남아 있다는 것을 생각한다

폐왕성 3

무너진 폐왕성
파랗게 울었던 무명초들
바람에 몰려다닌다

소란은 이내 사라지고
천년을 비추던 달빛마저
희미하다

찔레꽃 덤불 사이
의종의 불안한 눈매 같은
달개비 한 잎
절 하듯 꺾어 든다

두려운 것은
예고 없이 찾아온 죽음
소문 듣고
아랫 마을 등불 꺼져 있다

＞

흘러가는 것은 구름만이 아니다

거제시 둔덕면 폐왕성

그날의 삭아 내린 비운

아무도 모른다

폐왕성 4

무너진 성벽 아래
외딴 초막 하나
사람은 보이지 않고
초막은 반짝이네

불어오는 바람
초막에서 멈추면
죽음이 보낸 서신인지
마루 앞 낙엽 수북하네

집 앞을 지나가는 행인들
널린 빨래 보고
안의 생이 궁금하네

혹독한 생 몇 겹 넘었을까
훅 불면 날아갈 듯
초막

붙들고 있네

폐왕성 5

인적 끊어진 산길 오르자
버려진 신발 한 짝
잡초더미에 묻혀 있다
고려적 설운 여인들 물동이 이고
오르던 가파른 길

낙엽 지는 하늘 아래
산다는 것을 저만치 밀쳐 두고

돌탑 쌓아 올리며
망 보던 노송 한 그루
시력을 잃고 서 있다

석양이 헤엄쳐 달리는 바다 기슭
숨가쁘게 올라와 꽃 피운 해국
얻어맞은 얼굴로
저녁을 따라간다

삼월의 크리스마스

전철 안에서
곁에 앉은 사내가 성탄카드를 보여 준다
복지관에서 만들었다며 보고 또 보면서
싱글벙글이다
어쩔 줄 모르게 들썩거리는 엉덩이가
나에게도 전해 온다
헝컬어진 머리며 낡은 운동화 지적장애인 그는
두근거리는 기쁨을 감추지 못한다
지금 그는 이 기쁨을 안고 아기 예수가 탄생한
그곳으로 달리고 있다
꾸벅꾸벅 졸고 있는 틈 사이 많은 사람들
지나가지만 황홀히 피는 이 기쁨을 전할 수 없다
종점에 닿을 때까지 그는 오늘 만든 카드를 흔들면서
달리는 성자 한 사람
이천년 전의 마굿간으로 사라지는 그의 모습은
아름다웠다

청마를 찾아서 1

섬 하나가 뭍으로 날아온다
섬 하나의 입과
섬 하나의 눈이
바다가 된다

바다가 된 섬이 섬을 향해
소리친다
나는 펄럭이다 섬에 갇힌다
한 줄기 바람으로 혹은
신음하는 눈물로 섬을 만든다

나의 호주머니 속에
추억의 섬들이
날 오라 손짓한다

청순한 초록으로 지던 봄
속절없이 가고
여기에

맑고 곧은 푯대를 세우고

바다가 마를 때까지
소리 없는 아우성으로
펄럭이던 저 섬이
그대였나

청마를 찾아서 2

새벽길 따라 생가에 간다
사립문 열려
밤사이 누가 다녀갔나
마당귀 이슬 머금은 민들레
누굴 기다리는 눈치다

기둥과 기둥 사이 줄 친 거미줄
툇마루 끝에는 오랜 옥수수 걸려 있고

죽음은 여전히 산 자의 머리맡에서
적막하다
네모난 액자 속 모여든 가족들
헐거운 시 한 줄 보다 비좁다

부엌문 드나드는 시장기
불 땐 가마솥을 끓이고
마루에 놓인 방명록

깨알 같은 발자욱만 살아 있다

팔대 손으로 울음 터트린 흔적 같은
늙은 오동나무 한 그루

담장을 기어오르는 호박넝쿨
쉬었다 가라고 발부리
붙잡는다

청마를 찾아서 3

생가 마을 뒷산
그대 무덤 찾아간다
찔래 덤불 길
그늘진 노송 아래 잡풀 돋아
낮아진 무덤 앞에서
나는 그대의 풍성한 생애를
캐묻는다

산새 부리들 다람쥐 청설모
발자욱 대를 이어
버리고 떠난 시 한 줄 한 줄
돌에 새긴다

흔적 없는 세월 또 얼마나 긴 것인가
내게도 물비린내 젖는 마음
그 심연 물끄러미 들여다보며

＞

떨어져 살던 식솔들 다 이곳에 모여
나도 언제쯤 여기에 발 붙일까
아뢰어 본다

그대 기척 없다
목에 걸린 힘센 거미줄 걷어 내며
주변 돌아보아도

인적에 눈 감고 그대
대답하지 않는다

청마를 찾아서 4

우리
즐겁지 않느냐

돌 속에
시를 묻고

시 속에
영원을 묻는
돌처럼

우리 즐겁지
않느냐

청마를 찾아서 5

시들지 않고 사철 푸른 소나무

그 잎새 뾰족하여 기죽지 말고 당당히
살라는 당부의 말씀 들린다

연약한 것에는 한없이 부드러워
눈꽃이 피던 얼굴

나라 잃고 배고플 때 송홧가루 날리며
너만은 살아라

조국강산 고루고루 나눠주던
우리들의 양식이었다

고단할 땐 그늘 내려 시를 적게 하던
높으신 어른

한하운 시인을 생각하며

지금은 없어진 녹동항 부두에는
전설처럼 사라진
뱃머리에 서서

보리피리 불며
누굴 기다리는 한 사람 있네

쫓겨난 여자처럼
그대 곁에 서고 싶네

함경에서 먼 전라땅 밟으며
발가락 하나 떨어질 때마다
돌아보던 고향길

지친 걸음 부두에 서서
배를 놓치고
자정에도 나는 그대 곁에

있고 싶네

아직도 누굴 기다리다 지친 얼굴
바다처럼 떨고 있을 때
갈매기 울어 주던
스물한 살 청춘이 무너지는
그 부둣가에 서 있는
환영을 보았네

푸른 집

꽃보다 열매를 좋아하던 시절이 있었다
꽃 없는 무화과나무처럼 사랑 받던 때 있었다
타지마할 아그라 기슭
아이 많은 여자처럼 꽃 핀 나이도 모른 채
열매를 달기 시작하는 나무들

무화과 젖꼭지마다 까만 아이를 달고 있는
정해진 운명을 사는 착한 여인들
그녀의 가난한 집에 심어진
굵고 푸른 영혼으로 들어가면
나도 나의 푸른 집 만들 수 있을까

무화과나무 무성해지는 인도에서
나이도 모르는 착한 여인처럼

제4부

사월의 눈보라

들리지 않는 음악처럼

보이지 않는 마음처럼

꽃 핀다

하늘 아래

붙들 수 없는 이별처럼

요란한 사월의 눈보라

혁명 이후

아무 일도 없는데

꽃이 진다

그리고는 바람이 세차게 분다

점점 바람에도 뼈가 자라고 있다

걸어둔 문이 소리치며 넘어지고

몸은 뿌리부터 단단했다

아무 일도 없는데

꽃이 지고

흔들리지 않으려고

바위들을 땅에 묻고

하얗게 고인 햇빛에 못질하는

소리 들린다

나는 이 빠진 도끼처럼 나무 숲에서

조롱 당하고 그리고는 아무도 없었다

없는 소리가 고막을 찢어 놓고

아무 일도 없는데

귀에서 피가 흘렀다

꽃들이 포성에 말라가고 있었다

아무 일도 없는데

대통령 만델라

검은 흙에서 태어나
얼굴이 검은 사람
검은 눈물은 힘이 없어
온갖 설움 모진 학대
맞서 싸우다
종살이 432년
옥살이 27년

대통령 만델라
그대 우뚝 선
남아공 유니온 빌딩 프레토니아
앞에서 두 손 모으네

단벌 옷 입고 환하게 웃는 얼굴
세상에서 가장 약하였으나
가장 강한 사람
고개 숙인 나 보시네

\>

가장 많은 눈물 뿌렸으나
너무 큰 슬픔 달래던 사람

서러운 땅 짊어지고
사랑의 탑 높이며
인류에 대하여 우분투를
두고 가신
내 영혼의 한 분이셨다

백두산에 올라 1

백두산 가는 길에
중국 훈춘 내려 아리랑 식당에서
점심을 시킨다
두만강 좁은 실개천에서 손을 씻으니
함경북도 온정리가 눈앞이다
밥상 앞에 앉으니 배고픈 민둥산이 우리를
내려다본다
호미자루 씻고 있는 온정리 부부
아우 반기듯 손 들어 보지만
지상에서 금지된 우리들의 반세기
소름끼치게 돌아선다
먹어 보지 못한 쌀밥처럼
당신과 나의 거리가 허기지고
두만강 위에 엎드린 새벽달 그림자가
벗은 몸처럼 뚜렷하다

백두산에 올라 2

새벽은 밤을 꼬박 샌 후에야
길을 터 주었다

천지에 오르자 산은 선잠을 깬 듯
얼굴을 가리고 폭포를 쏟아낸다

우리를 반기느라 바람은 비단 같은
풀잎들을 흔든다

가쁜 숨 고르며 바라보는 백두의 얼굴

물빛은 잠시 흔들리다 환해지고
배 위에 오르니 노 젓는 물살이
수레바퀴 자국으로 번져 간다

물살이 내 몸에 스며들자
물살이 떨며 더 들어오지 말라는 듯

알아들을 수 없는 물방울로 흩어진다

손을 씻고 발을 담근 뒤에도
이 길은 없는 길이라고

세계에서 가장 불쌍한 우리나라
통일이여 오라

그때 물 위에 뜬 햇살이 두 팔을 들지
않았더라면 온몸이 잠기는 아찔한
순간이었다

어니스트 헤밍헤이의 생가에서

핑카 비리아 저택을
올리브 나무가 지키고 있다
자작나무 숲길을 걸어가면
밤을 넘기는 수많은 책장이
빗소리처럼 들린다
한결같이 투명한 햇빛
낡은 지구를 회전하고
야자수 잎들은 호탕하게 웃는다
아직 끝나지 않은 노인과 바다는
그레고리오 푸엔테스 친구가
돌보고 있다
숲길마다 발자욱 선명하고
빨라르 낚시배는 오늘도 항해 중이다
나는 데레사 레스토랑에서
목책 너머로 어린 소년을 기다린다

사직동에는 야구공이 자란다 1

야구장보다 우리집이 먼저 세워졌다
젊음의 한가운데서 선견지명으로
홈런을 쳤다

유별나게 야구광인 남편
있는 게 시간뿐인 지금은
턱 없는 행운

야구장에서 사람들 허옇게 부풀어 오르면
아이들은 파도같은 함성을 타고 자랐다
야구의 방언을 모르는 나에게 벌떼 소리는
내 고막을 찢어 놓기도 했다

야구공이 우리집을 덮치는 것은 예측불허
승자가 패자로 돌변하여
날아오는 공이 내 삶의 유리창을
박살 내버리기도 하였다

\>

나는 지금에서야 이겨야 산다는 세상을

꿈꾸기도 한다

사직동에는 야구공이 자란다 2

낯선 땅에 처음으로 발 디딘 날
야구장도 세워졌다

산 무너뜨릴 때 바위 깨어지는 굉음에
시달렸다

공동묘지 사리지고 그 자리에
야구장 들어서자
비둘기와 까마귀는 이곳을 떠나지
않았다

길을 만들어 가로수 심자
벚나무들이 흙의 피 빨아 들이며
야구장 경호를 했다

야구가 시작되는 사월 되면
벚꽃은 폭발하는 벌떼처럼

야구장 경호를 했다

내일이 불안하고 막막할지라도
팡팡 터지는 홈런 소리에 목을
축이며 살았다

삶에 시달리던 사람들 여기 와서
콧등 훔치고 돌아가면
벚나무 아래 남은 사람들
새벽까지 풀벌레처럼 웅성거렸다

나는 가끔 홈런 소리에 들떠 있었다

사직동에는 야구공이 자란다 3

가진 것 없어도 뼛속까지 내가 찾는 시어가
거기 있었다

황량한 땅 위에 집을 세울 때
나는 시인이었다

절망하는 시 앞에 엎드려 점자를 더듬었다
그리고 난해해도
나의 언어는 반짝이고 있었다

집 앞까지 야구공 날아와
한꺼번에 내지르는 함성 들어도
진실로 뿌려지는 말들은 시처럼
아름다웠다

사방에 뿌려진 말 땅에 떨어져도
살아 있는 생명의 언어

잘 써야 한다

다시 무슨 말 전할 게 있어
새벽 이슬에 깬 어린 풀들
시인의 언어 위태하게 매달고 있다

선교사의 말씀 1
— 케냐 조희래 선교사를 찾아서

비행기로는 열여섯 시간이었네
그러나 하늘에서 하루를 보내고
그 땅 발을 올리니 늦은 저녁이었네
가뭄 많은 나라임을 알지만
일생 뜨거운 해를 안고 뒹굴다가
검게 탄 숯덩이 같은 그 나라 그들에게는
갈급한 영혼의 목마름 있음을 알았네

나이보리 공항에서 나사이족 가는 길은
황패한 골짜기 끝이 없었네
양떼 몰고 가는 깡마른 목동의 손에는
메시아 회초리 들려 있네

흙먼지 길 막아 튀어 오르는 돌멩이
당신의 입김이었네

진리에 굶주린 사내 하나

나를 이긴 것은 사랑이었다고
식지 않는 밤 차가운 눈물 뿌렸네

언어가 통하지 않아도
사랑하는 영혼은 나 너 사랑해
묻지 않는다는 것을
확인하지 않고도 쌀을 씻어 밥을 안치며
그냥 서로를 사는 것임을

선교사의 말씀 2

그리하여 아프리카 케냐에서
파친코에 빠져 일확천금 몽땅
날렸네

희망같은 건 버리고 나니
남은 절망은 얼마나 값진
것이냐

그의 고백사 들었네

길이 끝나는 곳에도 길이 있다는 것을
알았네
스스로 길이 되어 이곳에 머물 때
이곳 신은 까맣고 초라하게 서 있는
십자가도 새까맣네

그의 두 다리가 십자가였네

이 마른 땅 그늘 찾아 가며

스스로 사랑이 되어

한없이 봄 길을 가는 사람

생각하다

물 없는 나라에 와서 그대에게

물 한 모금 주지 못하고 돌아가는

나를 본 순간

선교사를 따르려는 나는 아직 멀었네

한참 멀었네

아프리카 선교지를 찾아
―선교지에서 바람 맞다

남의 나라에 와서

바람이 좋아

그 바람 만나려고

잠 설쳐 대니

바람 따라

겸손히

기울어진 반달

날 내려다보며

자꾸 묻는다

\>

검둥이 될래

흰둥이 될래

겨자씨

성지순례 다녀온 지인에게서
겨자씨 선물 받았네

그 씨 받아 땅에 묻은 후
나의 믿음은 우연이 아니라
운명이 되었네

맑은 생수 받아 일용할 양식이
그에게로 돌아가자
나의 믿음은 싹이 나고 잎이 자라기
시작했네

바람 부는 날이면
나의 믿음은 아슬아슬하였네

죽음보다 괴로운 것은
믿음 지키는 일이었네

\>

오늘도 내 가엾은 발자국 소리는

너를 찾아가는 것이었네

해설

산책과 여행, 길 위의 시학

황선열(문학평론가)

1. 길을 떠나기 전

류정희 시인은 지난 30년간 『나의 길이 저만치 누워 있다』(문장, 1993), 『地上에서 지워진 길』(시로, 1995), 『푸른 집』(푸른별, 2000), 『사막냄새』(시와사상사, 2007), 『죄의 날도 축복이다』(작가마을, 2013)의 다섯 권의 시집과 시선집으로 『당신은 지금도 오고 있다』(포엠포엠, 2019)를 발표했다.

그동안의 시력만으로도 그녀의 시적 역량을 가늠해볼 수 있지만, 그녀의 시집 전체를 일독해보아도, 큰 울타리를 벗어나지 않는 견고한 시적 아우라를 보여주고 있음을 확인할 수 있다. 시집의 제목만으로도 충분히 짐작이 가는 그녀의 시적 행보는 길과 집, 그리고 여행과 사유가 시집의 주류를 이루고 있다. 그동안 그녀의 시에 대해서 "본질에 대하여 상황이 나타내는 언표도 없이 에피소드한 소절만으로서 본질과 상황을

포괄함으로써 더 깊은 주제에 대한 친밀감을 느낀다"(하현식)고 평가하기도 하고, "전통의 가치부터의 탈여류적 체질에 결연된 언어적 강건성과 대상에 대한 새로운 해석을 통하여, 세계의 비장미를 구현하는 자세와 나아가서 열린 의식으로서의 깨어 있는 언어 구사력을 보인다"(하현식)고 평가하기도 한다. 또한, "명상의 시인, 노장사상의 근원 속에서 자연에서 삶의 해답을 찾은 시인"(정영자)이라고 평가하기도 하고, "존재의 진정성이나 인생에 대한 체험적 인식, 고행을 통한 종교적 구원과 가족에 대한 연민, 또는 고향에 대한 향수와 같은 세계를 긍정적으로 안으려는 관용과 포용의 정신이 그 바탕에 있다"(최휘웅)고 평가하기도 한다. 최근의 시들에 대해서는 "류정희 시인의 시편에서 우선 떠올리는 주조 중의 하나는 삶을 길 이미지로 인식하면서 시인 특유의 삶의 방식을 드러내고 있다."(남송우)고 평가하기도 하고, "류정희 시인에게 시는 운명에 대한 사랑의 행위로서 흔적을 남기기 위한 예술적 몸부림이다. 그 몸부림에서 우리는 놀라운 존재의 승화를 보게 된다."(김경복)고 극찬하기도 한다.

이들 평가를 간추려보면, 어떻든 지금까지 그녀의 시가 관통하고 있는 것은 존재에 대한 탐구와 이 존재를 탐구하기 위한 끝없는 여정에서 만나는 시들이라고 압축할 수 있다. 그녀의 시에서 보여주는 산책은 시의 곳곳에 뿌리 내리고 있는 견고한 이미지이기도 하다. 산책길에서 만나는 존재들에 대한 사랑과 연민은 그녀만의 독특한 주제 의식과 이어져서 하나의 시적 의미망을 이루고 있다. 또한 그녀의 시에서 중요한 메타포로 작동하고 있는 것은 여행이다. 여행은 새로운 것에 대한 열망과 같은 것이며, 새로운 세상을 만나는 계기가 되기도 한다. 그녀의 시는 산책과 여행을 통해서 만나는 장소와 사물, 그리고 그 공간에서 느끼는 사유의 세계를 보여주고 있다. 이 모든 것은 길에서 시작하고 길에서 끝난다. 그녀의 첫 시집과 두 번째 시집의 제목이 공교롭게도 '길'이라는 명사를 달고 있다. 그녀의 시적 세계를 관통하고 있는 이 길은 그녀의 삶이라고 할 수 있다. 이 글은 이러한 그녀의 시적 세계를 따라가는 길 위에서 시작하고 있다.

2. 산책길

산책은 가벼운 행장으로 길을 떠나는 것을 말한다. 산책은 보는 것, 만지는 것, 느끼는 것이 동시에 작동하는 행동이다. 그녀의 산책길에는 많은 사물들이 놓여 있으며, 그 사물들은 그녀의 시선에서 더러는 애절하게 더러는 안타깝게 다가온다. 이번 시집에서 전체 여덟 편의 시가 산책 시편이다. 어느 시편이나 사물에 대한 사유가 들어있지 않은 것이 없지만, 그 중의 한 편을 통해서 그녀의 시에서 산책의 의미가 무엇인지를 살펴보기로 하자.

황량하던 겨울 숲길 지나갔다

따스한 햇빛 젖꼭지 물고
뾰족뾰족 돋아나는 어린 것들
가던 길 멈추고 눈 맞추며
물어 본다
어디서 왔는가

시린 흙바닥 기어서 왔는가
무거운 바위틈 숨어 지내다가
빗방울처럼 토닥이며 왔는가

나의 질문은 길고 지루해
묻고 또 묻자
어린 것들 웃으며
나에게 되묻는다

너는 어디서 왔는가

오늘이 경칩인 줄도 모르고 사는
내가 무안해진다

—「산책 8」전문

겨울 숲길을 산책하면서 본 풍경을 그리고 있다. 겨울의 황량한 숲길에서 그녀는 뾰족뾰족 돋아나는 어린 새싹을 발견한다. 그 새싹의 근원을 생각하는 사이에 경칩이라는 사실을 깨닫게 된다. 새싹과 묻고 답하는 사이에 그녀는 존재에 대한 물음을 던진다. 어디서 왔는지 모르는 존재 하나가 어린 싹을 보면서 묻고 있는 행위는 자연의 근원에 대한 물음과 다르지 않다. 신비한 생명의 근원이 무엇인지를 묻고 있지만 사실은 그녀의 존재가 어디로부터 온 것인지를 묻고 있는 것이다. 나와 너의 문답에 대한 해답은 경칩이다. 칩거하고 있는 생명들이 놀라서 깨어나는 때에 어린 것들이 싹을 틔우는 것은 지극히 당연한 일이다. 그 당연한 이치를 모르고 사는 자신이 무안해지는 순간이다. 일상의 신비로운 모습들은 사실 먼 곳에 있는 것이 아니라, 너무도 가까운 곳에 있다. 이 단순한 사실의 발견은 그녀의 산책 시편 곳곳에서 만날 수 있다.

    그녀가 산책하는 공간은 구체적인 공간이기도 하고, 시적 상상력의 공간이기도 하다. 그녀의 산책길에서는 산에서 산과 하나가 되기도 하고, 발길이 닿는 곳마다 산의 기운을 느끼는 계기가 되기도 한다. 그녀는 산책길에서 산을 만나고, 산 위의 구름을 보고, 수풀에 머리를 감는 시늉을 해보기도 한다. 그 산책길에서 흔연하게 산과 하나가 되고 난 뒤에 집으로 돌아오는 길, 그곳에는 문명의 길이 도사리고 있다. 산책의 공간에서 보고, 만지고, 흉내를 냈던 것들이 허망하게 무너지는 순간이다. 산책을 통해서 세상과 결별하려고 했던 소망이 사라진다. 그녀의 산책길에는 산과 같은 자연만 있는 것이 아니다. 그 길에는 사람도 있고, 그 사람들의 안부도 있다. 그녀는 산책길에서 만나거나 떠오르는 그들의 안부를 통해서 인생의 의미를 깨닫고 있다. 뿐만 아니라, 그녀의 산책길에는 뭇짐승들도 함께 하고 있다. 그녀의 산책길은 우리가 흔히 만나는 일상과 다르지 않다. 다만 다른 것이 있다면, 그녀의 산책길에는 애정과 연민, 존재에 대한 각성과 같은 단어들이 끼어들어 있다는 것이다.

    마스크로 입을 가리고
    만나는 사람을 피하며
    간격을 두고 걷는다

    왁자지껄 만났다 흩어지는
    바람소리 들으며

    이 길을 가서는
    영 돌아오지 않은
    이웃 사람 생각 난다

    어딘가 깊은 곳을
    건너갔다는 것일까
    삶이란 죽음 또한
    어느 날 뚝 그쳐 버린
    매미 울음 같은 것

> 이파리처럼 가벼워져서
> 지구의 계단을 내려오며
> 중얼거린다
>
> 생은 짧고 하루는 길다
>
> —「산책 2」 전문

   길을 걷는 행위는 사유의 정신과 이어진다. 걸어가다가 만나는 사물에 대한 사유도 있지만 그동안 살았던 삶에 대한 사유도 있고, 문득 떠오르는 생각들도 있다. 걷는다는 것은 소소한 일상과 만나는 정신의 시간이다. 보이지 않던 것들이 보인다는 것은 주변의 풍경을 통해서 느낀다는 것이다. 마스크를 쓰고 간격을 두고 걸어가는 사람들 사이에서 어느 날 갑자기 사라진 주변 사람들을 떠올린다. 길을 걷다가 문득 사라지는 사람들처럼, 우리들 주변 사람들도 어느 날 매미가 울음을 그치는 것처럼 사라지게 된다. 그들이 간 길을 알 수 없고, 어느 깊은 곳으로 간 것인지 알 수가 없다. 그 순간 그녀는 깨닫는다. '생은 짧고 하루는 길다'라고. 평범한 일상의 산책은 이와 같이 존재가 각성을 하는 계기가 된다. 그녀의 산책길은 "내가 당도해야 할 먼 곳은/ 가도 가도/ 여기가 그곳이다"와 같은 존재에 대한 연민의 정이 스며들어 있는 것이다. 이를 존재의 승화로 보기도 하지만, 그것은 지나친 독법이라고 하지 않을 수 없다. 그녀의 사유는 그저 일상에 다가온 산책길의 풍경 속에서 느끼는 사유일 뿐이다. 그녀의 산책길은 대오각성 하는 깨달음으로 가는 길이 아니라, 일상의 삶에서 찾아낸 발견의 기쁨과 같은 것이라고 할 수 있다. 이 때문에 그녀의 산책길은 평범한 사람들이 걷는 일상의 길이라고 할 수 있는 것이다.

그녀의 시와 함께 걷는 이 평범한 산책길은 숲 속으로 난 산길이 많다. 산으로 가는 길이지만, 그 길은 가파른 길이 아니고, 숲 속으로 난 편안한 길이다. 더러는 가파른 산길을 걸어서 정상으로 가는 길도 있지만, 그 정상에서는 외려 낮은 곳이 정상이라고 느끼는 발상의 전환으로 나타나기도 한다. 그녀의 산책길은 산 아래의 계곡이고, 시적 소재는 그 계곡의 곳곳에 살고 있는 생명들의 풍경이 주된 대상이 된다. 그녀의 시에 나오는 산책길은 사람들이 머물지 않는 호젓한 길이다. 그녀의 산책길은 산 속 숲으로 난 산책길이며, 그 길에는 수많은 생명들이 있다. 그 생명들의 존재를 보면서 삶과 죽음의 길이 무엇인지를 생각하고 있다. 그녀의 산책길은 너무도 가벼운 일상 속에서 발견할 수 있는 평범한 길이다. 그 길은 너무도 편안해서 언제든지 함께 걷고 싶은 길이다. 이번 시집의 산책 시편은 가볍고 평범하고, 편안한 길이 무엇인지를 보여주고 있다. 무거운 삶의 일상을 벗어놓고 가볍게 그녀와 함께 산책하고 싶다.

3. 여행길

여행은 산책길보다 더 먼 길을 가는 것이다. 그녀는 끝없이 낯선 장소와 공간을 찾아간다. 바람과 같이 한 곳에 머물지 않으려는 마음이 있다. 그 마음의 끝자락에 여행이 놓여 있다. 여행 장소는 먼 해외인 곳도 있고, 가까운 그녀의 고향과 같은 곳도 있다. 그 공간이 어디에 있든지, 그 공간은 산책 시편에서 만났던 일상의 풍경과 다르지 않다. 여행지에서도 그녀는 버려진 것들과 사라진 것들, 소외되거나 관심의 바깥에 있는 것들에 대해서 끝없이 관심을 가지고 있다. 폐왕성지는 그녀의 고향 가까운 곳에 있는 고려의 성터이지만, 이 성터는 그녀가 폐왕성 시편 연작을 쓰게 되는 중요한 공간이기도 하다. 이번 시집에서도 어김없이 폐왕성 시편이 나오고 있지만, 이 폐왕성지는 이미 앞에 발표한 시집에서도 종종 나오는 시적 공간이기도 하다. 그녀의 시에서 폐왕성지가 하나의 중요한 시적 공간이 되는 까닭은 그녀의 시적 감성의 자질이 버려진 것들에 대한 애정으로부터 시작하기 때문이다. 나중에 말하겠지만 이는 그녀의 삶에 끝없이 떠오르는 어머니에 대한 잊히지 않는 기억들이 심층에 놓여 있기 때문이다. 시 「폐왕성」 연작 시편에도 어머니를 닮은 여성의 삶이 중요한 시적 동기가 되고 있다.

인적 끊어진 산길
오르자
버려진 신발 한 짝
잡초더미에 묻혀 있다
고려적 설운 여인들 물동이 이고
오르던 가파른 길

낙엽 지는 하늘 아래
산다는 것을 저만치 밀쳐 두고

돌탑 쌓아 올리며
망보던 노송 한 그루
시력을 잃고 서 있다

석양이 헤엄쳐 달리는 바다 기슭
숨 가쁘게 올라와 꽃 피운 해국
얼어맞은 얼굴로
저녁을 따라간다

—「폐왕성 5」 전문

이 시의 풍경을 슬그머니 스케치 해보자. 사람의 흔적이 사라진 산길에는 잡초더미 속에 버려진 신발 한 짝이 놓여 있다. 그 산길은 고려 시대 아낙네들이 물동이를 이고 오르던 길이다. 시간은 낙엽이 지는 계절이고, 하루의 시간은 석양이 내리는 때이다. 오래된 소나무 한 그루는 그 석양을 맞으면서 시력을 잃은 늙은이처럼 서 있다. 그 성터에 꽃을 피운 해국은 누군가에게 얻어맞은 것 같은 얼굴이다. 이 쓰러질 듯한 풍경이 시의 전체를 장악하고 있다. 신발이 한 짝 밖에 없는 것도 서러운데, 그 신발마저도 잡초더미에 버려져 있다. 그 신발의 주인은 알지 못하지만, 그 신발은 시의 풍경 속에서는 고려 시대 물동이를 이고 산길을 오르는 여인의 맨발과 같은 이미지로 떠오른다. 이 시는 버려진 것들의 풍경이 아프게 다가온다. 폐왕성지에 대한 정보는 다음과 같다.

  폐왕성은 폐왕성지(廢王城址)를 말하는데, 경남 거제시 둔덕면 거림리에 있는 고려시대의 성지를 말한다. 둔덕면과 경계가 되는 우봉산(牛峰山) 줄기의 작은 봉우리 산정에 자연석으로 끝을 가지런히 맞대어 겹겹이 쌓아올렸는데, 둘레가 550m이며 높이는 4.85m이다. 성 밖은 석축의 기단부 주위에 돌을 쌓아 외부로부터 적을 경계하는 참호(塹壕)로 사용한 듯하며, 성의 서쪽과 서남쪽 산등성이에는 성곽이 쌓여 있다. 현재 일부가 무너져 있지만 대체로 양호한 편이다. 성문은 세 곳이 남아 있는데 고려시대의 기와조각과 청자조각이 많이 보이고 있고, 곳곳에 누각을 세웠던 터와 연못이 있으며, 북단에는 기우제와 산신제를 행하던 제단이 있다. 『거제군지(巨濟郡誌)』에 따르면, 이 성은 고려 의종 24년(1170) 상장군(上將軍) 정중부(鄭仲夫) 등의 무신들이 경인(庚寅)의 난을 일으킨 결과 왕이 거제도로 추방되어 3년간 지내던 곳이다. 그 후 정중부의 난에 반대하여 1173년(명종 3) 동북면병마사(東北面兵馬使)

김보당(金甫當)이 군사를 일으켰으나 실패로 돌아가고 1175년 10월에는 의종도 이의민(李義旼)에 의해 시해되고 말았다. 이러한 연유로 이 산성을 폐왕성이라고 하고, 견내량(見乃梁)을 전하도(殿下渡)라 부르고 있다.(네이버 지식백과 폐왕성지(廢王城址), 한국민족문화대백과, 한국학중앙연구원)

사전에 기록된 내용만 읽어도 폐왕성의 성터가 스산하게 떠오른다. 그러니 그녀의 시에서 폐왕성은 버려진 것들을 상징하는 공간으로 자리잡을 수밖에 없다. 어린 시절에 보았던 풍경도 폐왕성의 이미지에 남아 있으며, 요양병원에서 삶과 죽음의 경계를 오고가는 어머니의 모습도 이 성터와 같이 황량하게 남아 있다. 폐왕성지에 떠오르는 여러 가지 이미지들은 그녀가 보거나 경험했던 신산한 삶을 상징한다고 할 수 있다. 고려적 도자기를 보면서 폐왕이 된 고려 의종의 한을 떠올리고 있다거나, 술잔에 깃든 도공의 얼굴을 회고하면서 잔금이 간 술잔과 같은 폐망한 나라의 한과 자신의 삶의 한을 비교하기도 한다. 도자기와 술잔은 온전한 것이 아니라, 버려지고 금이 간 것들이다. 그것은 무너진 폐왕성의 풍경과 같으며, 그 폐왕성은 천년의 세월이 너무도 무망하다는 것을 말하는 것과도 같다. 그 폐왕성의 모습은 천년이 지난 지금, 무너진 성벽 아래 초가의 모습과 같이 처량하기만 하다. 과거의 폐왕성이 현재의 초가집으로 이어지고 있는 것이다. 그것은 어머니의 삶[폐왕성]이 마치 그녀의 삶[초가집]을 비추는 거울과 같은 것이라고 할 수 있다.

시 「밤나무 1, 2」에서 밤나무를 보면서 장애아들을 사고로 잃은 부모를 떠올리고, 밤송이를 보면서 알토란 같은 자식을 품은 모성을 떠올린다거나, 시 「폐교」를 찾아가서 마치 폐왕성을 찾아가는 심정과도 같이 느낀다든지 하는 것은 버려진 것들에 대한 동경과 사랑으로 가득하다. 이는 그녀의 시가 지향하는 하나의 방향을 보여주는 것이라고 할 수 있다.

> 꽃보다 열매를 좋아하던 시절이 있었다
> 꽃 없는 무화과나무처럼 사랑 받던 때 있었다
> 타지마할 아그라 기슭
> 아이 많은 여자처럼 꽃 핀 나이도 모른 채
> 열매를 달기 시작하는 나무들
>
> 무화과 젖꼭지마다 까만 아이를 달고 있는
> 정해진 운명을 사는 착한 여인들
> 그녀의 가난한 집에 심어진
> 굵고 푸른 영혼으로 들어가면
> 나도 나의 푸른집 만들 수 있을까
>
> 무화과나무 무성해지는 인도에서
> 나이도 모르는 착한 여인처럼
>
> ―「푸른 집」전문

이 시는 타지마할 아그라 기슭의 인도 여행길에서 아이를 많이 낳은 인도 여인을 만난 풍경을 서술하고 있다. 무화과는 꽃 턱이 자라서 열매가 되는 나무이기 때문에 꽃을 볼 수 없는 나무라고 한다. 꽃이 피지 않는 것이 아니라, 꽃의 존재를 쉽게 발견할 수 없어서 꽃이 없다고 말한다. 그 무화과의 모습이야말로 그 인도 여인의 삶을 닮았다고 말한다. 무화과와 같은 운명이 여성의 운명이라고 말하면서, 그 무화과를 닮은 인도 여성을 측은한 마음으로 바라보고 있다. 그 여성의 운명적인 삶은 결국 그녀의 어머니의 삶이고 자신의 삶이기도 하다. 이 때문에 그 여성의 삶을 거울로 삼아서 나도 그녀가 꿈꾸는 것처럼 나의 푸른 집을 만들고 싶은 소망을 가지게 되는 것이다. 여행길에서 만나는 것들도 이와 같이 힘들고 고통 받는 것들로 가득하다. 그들을 바라보는 그녀의 눈은 애정과 연민으로 가득하다. 그러니 여행길에서 만나는 모든 것들이 그녀의 눈에는 측은한 대상으로 보인다. 버려진 것들을 사랑하는 그녀의 눈길은 자애로운 어머니의 눈길과 다름이 아니다. 어머니와 같은 따뜻한 마음으로 세상을 바라보는 그녀의 여행길에 슬쩍 끼어들어 걸어가고 싶다.

4. 사유의 길

　산책길이든 여행길이든 그 길을 걷다보면 사유가 스며들

지 않을 수가 없다. 왜냐하면 느리게 걷는 산책길이나, 낯선 풍경을 바라보는 여행길에서는 보이는 것이든 보이지 않는 것이든, 대상이 있든지 없든지 관계없이 생각의 꼬투리가 끝없이 이어지지 않을 수 없기 때문이다. 이것은 마치 잠자리에 들기 전 꿈나라로 들어가는 길목에서 하루의 일상을 떠올리는 것과 같다. 밤이 깊어지고 잠자리에 들 때쯤에는 하루 중에서 기억나는 일들과 잘못된 일, 잘된 일, 즐거웠던 일, 슬펐던 일도 떠오르고, 그 생각을 따라가다 보면 가끔씩 보고 싶은 얼굴, 그리운 얼굴들도 떠오르는 것처럼, 그녀의 길에는 수많은 생각의 파편들이 잔잔하게 일어나고 있다. 그녀의 시는 그리운 사람들의 모습을 떠올리며 사유의 길로 나아가고 있다.

    우리
    즐겁지 않느냐

    돌 속에
    시를 묻고

    시 속에
    영원을 묻는
    돌처럼

    우리 즐겁지

않느냐

—「청마를 찾아서 4」 전문

이 시는 청마 유치환을 찾아가는 길에서 느낀 사유의 한 자락이다. 또한 이 시는 「청마를 찾아서」 연작 시편 중 하나다. 청마는 류 시인이 어릴 적 집안의 큰 어른이셨다고 한다. 그렇다하여도 단순히 그 이유만으로 청마 연작을 쓴 것은 아닐 것이다. 청마의 정신을 본받고 싶은 마음이 있기 때문에 청마 연작을 쓴 것일 터이다. 그녀가 과거의 행적을 찾고 그 정신을 이어가려고 하는 것은 그녀의 산책길이나 여행길의 목적이기도 할 것이다. 청마 유치환의 시 정신이 그녀의 시에서 한 축으로 작동하는 것도 이 길에서 만난 사유가 스며들어 있기 때문이라고 할 수 있다. 또 하나 그녀의 길에서 중요한 의미로 작용하고 있는 것은 앞에서 말한 어머니의 기억이라고 할 수 있다. 모성은 그녀의 시적 결을 이루는 중요한 요소인데, 이것은 여성으로서 당연히 갖게 되는 것이 아니라, 산책길과 여행길의 사유로부터 얻은 깨달음이라고 할 수 있다.

산책길에서 만났던 사물들이나 여행길에서 만나는 장소는 같은 의미가 놓여 있는데 그 바탕에는 어머니를 통해서 존재의 의미를 더욱 깊이 되돌아보고 있다는 것이다. 어쩌면 그녀가 일상의 삶에서 깨닫게 되는 모든 의미들은 어머니를 통해서라고 해도 과언이 아닐 정도로 어머니의 삶은 그녀의 시에서 중요한 시적 동기가 된다. 그녀의 시에서 어머니는 같은 여성으로서 견디어내야 했던 삶의 모습이라고 할 수 있으며, 어머니는 그녀의 삶을 비추는 거울이라고 할 수 있다.

> 장독 곁에
> 버려진 듯
> 쪼그려 앉아
>
> 지나가는 햇살에
> 추운 몸 데우며
> 간신히 피던
> 샛노란 들국화
>
> 나는 그 꽃잎 따서
> 차
> 끓이네
>
> ―「어머니 4」전문

「어머니」 연작 시편 중에서 짧지만 가장 시적인 언어로 어머니를 표현하고 있는 시편이다. '장독 곁에/ 버려진 듯/ 쪼그려 앉아' 있는 것은 어머니이지만, 그 어머니는 장독과 같은 삶을 사신 분이다. 어머니의 살림살이 중에서 유독 버릴 수 없는 물건이 장독이기도 하고, 장독은 어머니 삶의 전부를 상징하는 것이기도 하다. 그 장독은 서울에서 자란 어머니가 벽지의 섬으로 시집을 와서 살았던 신산한 삶이기도 하고, 살기 어려웠던 시절 재봉틀을 돌려서 자식 뒷바라지를 했던 삶을 상징하는 것이기도 하다. 그 어머니는 이십년 째 외할머니 제사를 시집 눈치를 보면서 모셨다. 그러나 어머니의 신산한 삶은 그린요양원의 신세를 져야 하는 운명이 되고 말았다. 그 어머니를 찾아가서 손톱을 깎아주지만 이미 저물어 가는 삶은 어쩔 도리가 없다. 그녀가 어머니를 바라보는 것은 "마침내/ 나였다가/ 너였다가/ 너가 되었다가/ 우리는 누구의 어머니"의 모습이 되는 것이다. 그녀에게서 어머니라는 존재는 자식의 거울이 되는 존재이다. 자식은 늙어 가면서 제 부모를 닮아간다고 한다. 아무리 거부하려고 해도 부모의 얼굴은 자신의 거울이 되어 되돌아온다. 나와 네가 따로 있는 것이 아니라, 우리는 모두 어머니의 자궁으로부터 나온 존재들이다. 그녀의 시에 나오는 어머니는 작가자신의 어머니이기도 하지만, 모든 생명의 근본으로서 모성이기도 하다. 그녀의 시 곳곳에는 생명의 근원이 되는 어머니의 모습이 잔잔하게 깔려 있다. 그래서 그녀는 고속도로를 지나면서도 '사립문 밖에 서 있는 어머니'를 떠올리기도 하는 것이다. 그녀의 말법은 어머니의 품속에서 들었던 옛날이야기와도 같이 아련하다. 그녀의 사유를 따라가면 까마득하게 잊힌 고향을 만날 수 있다. 그녀의 사유를 따라 오래 전에 잊힌 따뜻한 어머니의 품속을 거닐고 싶다.

5. 길을 끝내면서

그녀의 길 위에서 만난 여러 가지 일상들은 너무도 가까이 있는 일상이라서 거부감이 들지 않는다. 편안한 산책길이고, 여행길이고, 사유의 길이다. 그 길을 함께 걷고 싶다는 말로 끝맺음을 했지만 그 소망은 늘 가까이에 있는 것 같다. 그녀의 시는 늘 일상 가까이에서 소재를 찾고, 그 일상을 시적 언어로 표현하고 있다. 배롱나무의 보드라운 맨살을 만지면서 미투에 걸린 노시인의 불상사를 떠올리고, 이 사건을 통해서 자연의 삶과 인간을 비교하기도 한다. 어떨 때는 양파를 까면서 그녀가 사랑했던 그 사람을 떠올리기도 한다. 그녀의 시는 스쳐 지나는 일상을 평범한 언어로 표현하고 있다. 그래서 그녀의 시는 더욱 친근하게 다가온다.

> 눈 내리면
> 연탄 배달하던 젊은
> 부부 생각난다
>
> 검은 구공탄 가슴에 안고
> 머리에 쌓인 눈 털어내며
> 이쯤이야
> 활짝 웃던 얼굴

그들은 날마다 하루의
지우개를 가지고 산다
연탄가루같은 생 지워가며
날마다 처음처럼 시작한다

삶을 이해하려면
숯불처럼 달아오르는 기쁨과
슬픔도 함께 가야 한다는 것을

눈은 내려 그치지 않고
집으로 가는 그들의 발자국을
나는 본다

웅덩이처럼 파인 고단한 발자국을
하늘의 지우개가 지우고 있었다
—「하늘 지우개」 전문

  이 시처럼, 그녀의 일상이 닿는 곳은 항상 낮은 곳이다. 이 시는 눈이 내리는 날, 연탄배달을 하던 젊은 부부를 떠올리고 있는 일상을 소재로 하고 있다. 하루의 힘든 일상을 지우고 또 다른 일상을 시작하듯이, 늘 새로운 일상을 찾아가려고 한다. 이는 이미 앞에서 그녀의 시를 분석한 평자들이 지적하고 있지만 이런 일상의 발견은 늘 그녀의 시적 배경이 되고 있다.

상사화를 보면서 까마득한 옛날의 여인 황진이를 떠올리기도 하고, 동네의 책방을 지나치는 산책길에서는 그 책방의 탱자나무를 보면서 산다는 것만으로도 행복을 느낀다고 생각하기도 한다. 전철을 타고 가다가 성탄카드를 만들어서 좋아하는 사람을 보면서 예수의 삶을 떠올리기도 하고, 4월에 갑자기 내린 눈을 보면서 느낀 감흥을 서술하기도 한다. 원래 시적 소재란 일상이 아닌 것이 없지만, 그녀의 시는 일상을 비꼬거나 비유하지 않으면서 그 일상에서 자신의 존재를 발견하고 있는 것이다. 할미꽃의 처량한 신세를 보면서 자신의 모습을 끌어오고 있긴 하지만, 자신의 모습을 억지로 할미꽃에 빗대지는 않는다. 그녀의 시는 그저 모든 대상을 있는 그대로를 말하고 있을 뿐이다. 그래서 그녀의 시는 보이지 않는 세계 속에서도 혁명이 일어나고 있다고 말할 수 있으며, 차 한 잔을 마시는 일상에서도 발견의 기쁨을 누리고 있다고 말할 수 있는 것이다.

    오랜 눈물 끝에는

    마음에도 깊은 골짝 생긴다

    사람들은 본 적 없다 하겠지만

    나는 그곳에서

하늘과 내통하는 가장 아름다운

길을 보았다
—「무지개」 전문

이 시처럼 그녀의 시는 언젠가는 일상 속에서 무지개를 발견할 것이다. 산책길과 여행길이 끝나는 곳에서 그녀는 "하늘과 내통하는 가장 아름다운 길"을 발견하고 있다. 그 찬란한 무지개를 보러가는 길의 끝에서 그녀와 함께 서서 그 아름다운 길을 바라보고 싶다. 그녀는 삶의 일상에서 만나는 소소한 사건들을 통해서 삶의 의미를 깨닫고 있다. 그녀의 시는 가볍고, 지극히 평범하다. 시어도 어렵지 않다. 다른 시인들처럼 시적 기교를 부리거나 낯선 언어로 비유하지 않는다. 어쩌면 너무도 평범한 시들이라서 가볍게 읽힐 수도 있다. 그것이 그녀의 시적 한계라고 지적할 수도 있다. 그러나 이것은 시적 한계라고 할 수 없다. 어떤 평자가 지적하고 있듯이, 다른 시인들이 기교에 물들어갈 때 그녀만이 유일하게 기교를 부리지 않으면서 그저 묵묵히 시인의 자리 끄트머리에 앉아서 시를 쓰고 있기 때문에 그저 평범하고 가볍게 보일 뿐이다.

그녀가 평상이야말로 지극한 길[道]에 이르는 것이라는 사실을 알고 있는지 모르고 있는지는 알 수 없지만, 그녀의 시집을 읽으면 그녀의 시에 나오는 가벼운 일상이야말로 가장 아름다운 길로 가는 깨달음의 길이라는 사실을 확인할 수 있다. 우리가 가볍게 놓치고 있는 일상들이 모두 참된 깨달음으로 가는 길이고, 그 참된 깨달음의 길은 가까운 곳에 있다. 그것은 가벼운 산책길에서 만나는 작은 생명들에게도 있고, 여행길에서 만나는 낯선 풍경들 속에도 있다. 이 때문에 길에서 시작해서 길에서 끝나는 그녀의 시적 여정은 삶을 깨닫는 과정으로 가는 길이라고 할 수 있다. 일상의 모든 풍경들이 가장 소중한 삶이요, 지극한 깨달음에 이르는 길이다. 이 가벼운 일상을 너무도 사랑하는 그녀의 길을 동행하면서 아름다운 길을 발견하는 기쁨을 함께 누리고 싶다. 이 일상의 발견에서 만나는 기쁨이야말로 그녀의 시집을 읽고 느끼는 마지막 소회所懷다.